INSÔNIA DA MATÉRIA

INSÔNIA DA MATÉRIA

4ª EDIÇÃO

ANDRÉ CANCIAN

Edição do autor
André Cancian (c) 2007

depois nada

SUMÁRIO

PREFÁCIO

Os poemas que compõem este livro começaram a ser escritos por volta de 2002, quando percebi um tipo de dualidade, ou talvez mesmo uma cisão, no cerne da subjetividade humana.

Mesmo que precariamente, passei a investigar a natureza desse conflito, que veio a tornar-se cada vez mais central em meu pensamento.

Pessoalmente, sempre fui inclinado à racionalidade. Mas, ao mesmo tempo em que via o mundo numa perspectiva racional, perfeitamente lógica, baseada na ciência, tinha também a vaga percepção isso não era a questão toda — mas o que mais seria?

Procurava pelo sentido das coisas. Contudo, sabia que essa questão já havia sido solucionada — ora, o sentido é a perpetuação. Está em qualquer livro de Biologia. Então por que essa questão continuava a me incomodar? Não sabia dizer.

Perseguia-me a sensação de que havia uma incompletude fundamental no saber apenas racional da vida, e isso me causava um profundo mal-estar, pois minha razão dizia-me exatamente o contrário — que não havia incompletude alguma.

Por vários anos, tentei resolver essa questão, mas não conseguia sequer dar forma ao problema. Ainda sem entender claramente o que queria dizer, sentia a necessidade de expressar-me, e foi nesse processo de tentar trazer à luz algo que pertencia às profundezas que surgiram estes poemas.

André Cancian
2007

POEMS

A vida é um escárnio sem sentido.
Comédia infame que ensanguenta o lodo.

— Álvares de Azevedo

PASSAGEM

Despeço-me do sonho de viver
Do delírio de um dia conseguir
De uma vez apenas ter as mãos
E o coração onde quero e como
Sem desviar disso como perda
Do tempo que perco sem pesar

Não, não acredito mais em mim
Nem no que invento para dar-me
Uma segunda, outra chance
De provar o contrário
Do que sempre foi
A minha vida

Se abrigo algo com afeto
É porque já está morto
Porque aprendi o traquejo
De não abraçar-me ao que muda
Não pensar-me preciso quando sou
[meio

Minha saudade é sempre mais amável
Minha memória diz mentiras perfeitas
Que nenhuma realidade desmonta
Em um punhado de palavras
[e outro de mentiras
Mesquinhas em entrelinhas
Que me fazem sentir a vida
Como se sente uma pedra

[no sapato
De quem precisa correr atrás
Correr, com passadas medidas
Correr, sem ter qualquer meta
Chamando a coleção de feridas
De história da sua vida

História de um idiota
Certezas de uma besta
Percursos de um imbecil
Objetivos de um estúpido
Trouxeram-me até aqui
Foi a história de um erro
Levado até os últimos fôlegos
[do engano
E cuja hora já passou

Agora, resto assim
A sujeira e os cacos
De um sonho perdido
Da amizade com o erro
Do sofrer sem o orgulho
Da luta para ser infeliz
Da solidão de um palhaço
Esforçado em levar-se a sério

Agora
Esforço-me em ver-me passar
E somente passar em branco
[ao negro

2006

14

SENTIDO

Não há mistério em existir
Nem em viver ou sonhar
Caminhar se faz por si
Sem erros nem acertos
No acaso de cada passo

Mas quanto do insondável
Abraça a alma se desanda
[e olvida
E em seguida se procura
[por sentido
E naquilo que encontra
Quanto mais do impossível
Se abriga então nessa miopia

Preso na teia do sentido
Naquilo que mente do início
No que deveria ter esquecido
[de inventar
Noutro infeliz descuido
[de otimismo

Agora me refugio
Olhando tudo ao lado
Acima e abaixo
Repetindo
Fui vivo
Fui assim

Eu lembro
E esqueço
E perco-me
A caminhar
À frente sem rumo
Existindo para trás
Vivendo só a cãibra
De sempre se retorcer
Sem nunca se encontrar
Em qualquer direção
Em qualquer tempo
Nunca na posição
De descansar
Do engano
De buscar
Mais alento
No desespero
Da mesma história
De quem deu um passo
[certo
E não pode apagá-lo
E não vê mais sentido
A continuar em círculos
A fugir do próprio vácuo

Procuro outra quimera
Pouco menos mesquinha
Somente algo pequeno
Que caiba no dia a dia

De uma vida abortada
Que perdeu os passos
[e a paciência
Enquanto contava
As horas e os segundos
De uma morte atrasada

Algo já desiludido
De um caminho novo
Algo já cansado
[vencido
Por si mesmo
Destemido
Do erro

Procuro e encontro
Outro atalho para onde vivo
[perdido
Entre certezas e restos
E a minha solidão
O meu abrigo
Que não é lar
Nem amigo
Mas sabe calar
Quando todo som
[é ruído
E todo sonho é ruína

E por ora isso basta
E por ora nada peço da vida

Só por saber que acaba tão cega
[como se inicia

2006

ALMA

Por não ser o que penso
Calo em mim o que sou
Se dou com um espelho
Vem à boca o vômito
Ridículo conhecer-me
[por dentro

Não sepultei a vida diante do impossível
[nem do ordinário
Continua a mesma, ingênua, insólita
[infância
Alheia àquilo que falta
Sem saber se falta

Nunca me esqueço de rir
Sempre que me vejo sério
[no espelho
Esquecido do valor do desprezo
[pela vida

Não perdi o momento oportuno
Não foi meu pesar ter crescido
Antes ou depois do tempo
Soube limpar da vista a escuridão
De crer que é errado se desgarrar
[da convenção
Para saber em primeira mão
O que há na luz branca

Despida dos macetes
Dos que viveram antes
[e mesmo mortos
Querem-se importantes

Não um cão raquítico de fome na alma
De alma só tenho letras e acepções
[na estante
De sentido só uma vertigem convergida
[ao absurdo
Que coordena a existência cotidiana
A girar sem motivo pelas paredes
Dos que o seguem urgentes
E o alimentam ansiosos
[se a pilha acaba
Pois senão como haveria ritmo
Para coibir passos em desespero?

II
Perdi a hora
Estou longe de tudo
Vejo apenas um caminho:
Pedras daqui até o horizonte
Onde foi parar a tangente?
Já conheci todas as dores
O coração está morto
O corpo não acredita
Continua sangrando

2007

MIOPIA

Viver é sonhar do acaso a glória
Infecção que se põe a delirar
Sombra de uma sombra a se devorar
Numa batalha em que não há vitória

Somos essa esperança aleatória
Passos que desdenham o caminhar
O negro quando se põe a cantar
O ainda mais negro da memória

Por fora esse silêncio falado
Animal de si mesmo exilado
Teatro sem por detrás um sujeito

Por dentro essa meia paz de anemia
E um impostor que nos bate ao peito
Fazendo da razão a miopia

2005

EREMITA

Naveguei contra os ventos
As certezas morreram todas
Enquanto cuspia contra tudo

Deixei-me levar pelos ventos
Desaguei no mar da mediocridade
E logo já não me reconhecia

Agora pergunto pelas paredes
Nada transpassa a monotonia
De viver numa só trilha?

Olha a tua sombra!
O sol revela mais veredas
Mais verdades que o vento!

Olha ao lado, a poesia!
Agora somente paisagem
Dum sentido de terra batida

Se isso te alcança a alma
Descarrila esse trem!
Isso será então tua vida

Muito prazer, liberdade
O trem passou, ninguém desceu
Que sucede com essas pessoas?

Não olham ao lado?
Não se querem ver livres?

Fazer seu próprio sentido?
Olá?...

2005

ESCOLHAS

Arrasto o passado ao futuro
Para saber quem ainda sou
Arrasto o futuro ao horizonte
Para saber aonde vou
Arrasto em círculos
Como um asno parado
No presente que se esquece
Como convém que se faça
Quando a mentira é tão grande
Que pensar não compensa

Que se dirá da besta
Que ousar ser honesta?
Soltar os arreios
Observar tudo
De uma fresta
[quadrada?

Tanto faz o fato do formato
Dum astro que nunca serviu
Para nada senão horrorizar
Iluminando caminhos turvos
Da escravidão preventiva
Ou da prisão definitiva

Serão todos o mesmo dia
Em todos as mesmas cenas
De uma mesma comédia

Pois que gracejo do destino!
Se enganou quem apostou
Que nunca haveria escolhas

2005

FELICIDADE

Aqui
Nesta celestial vacuidade
Em que tudo é provisório
Nasce acabado e corroído
Cada qual à sua maneira
Contorce-se e se reinventa
Morre sem haver vivido

Grande ou pequena
Cada qual abraça sua quimera
Nessa dança ridícula da vida
Onde se chora para então sangrar
[todos os dias

A infância se despede
Deixando as lembranças
Levando uma amplitude de ser
Delas retiramos descrições
As mais belas invenções
Nutrindo toda beleza
Profusão de ideais
O dobro de tudo
Pintado em todas as cores
Num quadro num quarto da memória
[dos plágios

Ao meu lado, vida real
Algumas variedades

De perspectivas delirantes
Três sentidos da vida anônima:
Tomar banho, beber café ou dormir
Enfado...

O problema não é a cura
— dizem —
Nem a doença
O problema escapa pelas mãos:
As coisas pequenas demais
Onde dizem estar a felicidade
— serão aleijados voluntários
ou incapazes do que é grande? —
Seria isto, então, o problema:
Nascemos sem os óculos — da alma?
Nascemos sem os nervos — dos heróis?

Quem cresceu para aprender
[a ver com o coração
Quem esqueceu para voltar
[a ver com os olhos
Conhece as minas da fascinação
Os espelhos que ofuscam a razão
Os espelhos que refletem a ilusão
O espaço vazio entre tudo — o vão
A repulsão entre tudo — a contradição
Será que ela se abraça?
Ignora a explicação?
A culpa é do erro?
Prometeu uma verdade?

Prometeu um sentido?
Que trocaria a escolha
Pelo sorriso plastificado
Da felicidade obrigatória?

— se é que vale a pena —
Vai e mira qualquer coisa
Bem além dela mesma
Pois como é triste viver
Em meio à matemática
Sem nenhum enigma
[sem resposta
Sem nenhuma paisagem
Lançando véus e enigmas
A cobrir esse lamaçal de vida

Toda solução indica o nada
— o fim prematuro da jornada —
Que dá numa encruzilhada
Onde há um milhar de duas placas:
Seja bem-vindo! Boa viagem!
(aqui é o começo)
(aqui é a chegada)
Somente resta a disposição
[indisposta
Em explicar o porquê de uma rota
O porquê de um passo, do movimento
Dessa música de somente uma nota

Digo isso porque, nessa cadeia,

Encontrei a minha resposta
(de longe, era tão bela)
Não era igual a todas:
— um meio —
Era o derradeiro
Âmago do absurdo
Cerne da contradição
As vísceras dos átomos
Entoando uma melodia pródiga
[tão amarga
Que me fiz prisioneiro
(seria um eremita se
houvesse um caminho
pelo qual regressar)
Forjei minhas correntes
E espero: um há de ceder
De se decompor primeiro

Em meus sonhos
O detector de metais acusa
Uma arma apontada à cabeça
(como invejo essa máquina...)
Esse é o único sonho
Em que sei ser feliz:
Sentindo a liberdade
Rasgar as couraças do peito
As mãos, os pés — obedecem!
As cores sonhadas renascem
De uma memória abandonada

Por um segundo um vislumbre:
Tenho todas as escolhas
Mas por que nenhuma?
Sonhos são para um só dia...

Nunca chega a hora
Mudo, nada muda
Volto, nada muda
Avanço, nada muda
Desisto, me empurram

Mas não aprendi a dançar
Não aprendi a caminhar
Não aprendi as certezas
Dos passos firmes
(sabe lá para onde)
(sabe lá para quê)
Cada movimento
Em tudo o que há valor
Apenas me dá a sensação
De que nunca saí do lugar
De que sempre me comportei
Devidamente: como um aleijado
Nunca chega, hora nenhuma!

Não que, no fundo, seja diferente
Não que, no íntimo, seja especial
Como exemplar dos qualquer-um
Sou também uma pequena merda
Será minha felicidade evaporar

[todo o esgoto das veias
Tudo o que se ensina a calar

Vazio
Procuraria pelas palavras
De uma despedida tão altiva
Que a arrogância das máquinas
[se curvaria
Me daria boas-vindas
Me abraçaria o rosto
[decomposto
E o germe estéril
Que criou o homem
E uma realidade insólita
[nele
E uma inquietude estúpida
[em nós
De não querer não desejar
[não sofrer
Permanentemente
Suicida potencial
Sufocando a cada respiro
[frustrado
Somente na morte
— entrementes —
Entre mentiras e entorpecentes

Seja bem-vindo!
(aqui é o começo)
Abrace sua quimera!

Boa viagem!
(aqui é a chegada)
Hora nenhuma!

2005

LOUCURA

Certa vez um garoto
Por teimosia duvidou
Foi a fundo a provar
A vacuidade humana
De todos ignorada

O forte e o fraco
O nobre e o baixo
O certo e o errado
Nada passou ao largo

É tudo cambiante — humano
Tudo impreciso — científico
Tudo ridículo — ritualístico
Tudo falso — o veredicto

Até sua razão deu às pernas
Quando deu consigo mesma
Assim foi ter consigo mesmo
Sem medo, sem medida
Sem valor e sem juízo
Assim tendo tornou-se claro
A vacuidade humana que buscava

Espere garoto, não parta triste
A vida não o merece — disse a loucura
Depois de lutar ao lado da verdade
Teve de matá-la pela liberdade
Se tentou ser verdadeiro

O foi por completo
Perdeu a razão para sê-lo
E soube pular fora desse erro
Mesmo que para o abismo

2005

LUTA

Sonho ser um escarro dormente
Cuspido no mundo, no fundo do nada
Explodir na inexistência tão brevemente
Quanto merece um escarro ter essência
Mas meu viver não se perde: se sente

Arquiteto da estrada
Do nada da vida
[ao nada
De pedras rachadas
De mágoa e tristeza
De todo o tão pouco
Com que o desprazer abraça
O vulto de um sonho morto
Abandonado pelos momentos
Em que se troca por memória

Em que se trocam os pormenores
Pelo que pudermos inventar
[e distanciar
Em mentira feita vista, feita história
Feito o teatro, feito o caminho

II
Avante toda a verdade
Que uma hora pesada pode evocar
Que se levante por sua certeza
Lute bravo pela tristeza

Em legítima defesa
Vista a vista branca
E a alma negra
O verbo tinto
E o brado austero
Aleijando a fraqueza
Desmentindo a vida
Escudando a nobreza
De quem padece e não mente
De quem não vive e ressente
O nada que nos irmana
[para nada
[para sempre

2005

MÁSCARA

Quantas profundezas há no humano
Quantas delas são máscaras
Quanto disso é escudo
Quanto é carne viva
Quanta dor é cena
Quanto é aço real

Enfrente cada máscara
Desafie a profundeza
Aponte o meu abrigo
Quebre minhas muletas
Encontre o ponto fraco
Analise meus complexos
Destaque a inconsistência
Confirme a veracidade
Catalogue mentiras
Traduza a mente
Refaça a ordem
Articule relações
Em preto e branco
A solução do enigma

Diga onde está o refúgio
Ilumine os recônditos
Exponha os medos
Destrua as certezas
Refaça as dúvidas
Realce o evasivo

Em cada máscara
Explique seu reflexo
Em cada cor do sentir
Exponha uma existência

Distinga as entrelinhas
Delineie minhas nuanças
Nelas perceba as portas
Invente as suas chaves
Equacione o tesouro
E me revele a solução
Pulsando na vivência
Esquecida num quarto
Silente como uma criança
Sozinha, imunda e cansada
Onde só sobrevive esperança
Misturada ao pó e às lágrimas
Esperando uma chance de falar
Suas verdades por bocas alheias

II
Sou os atos de uma mente
[viva
Igualmente verdadeiros
E igualmente falsos
Defina a profundeza
Deste meu embate

Olhe em meus olhos
Não sou um espelho

Desvie o olhar e pense
Respire e diga algo real
Mostre minha realidade
[humana
Aponte e não diga mais nada
Dispenso as razões da mentira
Dispenso as razões da verdade

Estou farto de vísceras
Essências de máquinas
Explicações e óticas
Mentiras profundas

Quem passou por mim
[passou através
Quem pensou me decifrar
[fez o enigma
Quem revolveu minhas máscaras
[não viu vulto
Quem explicou minha profundeza
[fez o abismo

Quem não sente o pulsar plano
O sensível discorrer no raso
Sequer adivinha a riqueza
[da superfície
Em que o viver se derrama

A realidade de sentir-se fluir
[no agora
Como uma profusão vivaz

[aos olhos
Como uma sobrecarga
[aos nervos
Como uma intensidade real
[à mente
Como uma verdade fatal
[ao medo

Amordace sua vaidade
[erudita
Antes que resmungue
O sancta simplicitas!
Guarde suas abstrações
Para quem vive escuridões
[metafísicas
E se lhe aprouver
Faça-se esquecer
Que tentou ver
Não veja que viu
[nada

2005

SENTIMENTO

Que sentimento nos vem abraçar
Quando tudo o que era sonho
Tornou-se a realidade
E ela é amarga
Ela é uma mentira
Contada à nossa esperança
Que aguardava quieta e ansiosa
Onde mora o começo de tudo
[que chora
Não foi azar [ou erro de cálculo]
Mas o impossível cultivado
O impossivelmente real
Longamente aguardado

Desde que me conheço
Desde que dei pelas coisas
Tudo foi mentira; tudo.
Tudo foi uma encenação
Que se pensava preparação
De tão estupendo que sonhava
Tudo aquilo que haveria de vir
E tornar a vida plena e calma
Mas ah!... a biologia...
Estaria de folga nesse dia?

Chafurdando num ritual do trivial
Num requinte social-bestial-distal
Conto-me a mentira da história da vida

41

Refaço o espaço em que a vida respira
Mas que pranto seco me cai à garganta
Quando dou por isso e quedo
Pasmo e perplexo de tudo
De tudo o que nunca será
[nunca foi
E nem mesmo se pode tentar
E nem mesmo me posso perder
E num delírio repintar o sonho
[da vida
Quando nela só o lodo se afixa

Minha vida foi um erro porque sonhei
Sim: porque sonhei em vez de enxergar
Agora trago a ferro e fogo no peito
[seu sonho é sua sina]
A miséria de ser um tolo porque tudo é tolice
De não poder saltar fora disso [fora do quê?]
Ainda se pudesse, saltaria atrás dum sentido
O único sentido seria o salto
Para ser tolo em solidão

Qual sentimento nos vem abraçar
Quando todas as vozes invadem a mente
Miram nossa alma e em coro clamam: não
Nunca...

2005

CRIANÇA

Conheci uma menina
Como um enigma
Que não se decifra
Pois o que só se olha
E se esquece de buscar resposta
Não merece sofrer de lógica

A vida nos pôs na passada
Que dá na mira do coração
[um do outro
Fomos juntos feridos
Juntos fomos o socorro
E, no que importa, parceiros
Para sempre [desde sempre]
Não faremos amor ou guerra
Romance ou o que o valha
Faremos a vida
— como ela é —
Valer mais a pena

Aprendi o que é conviver à altura
[só sabia que era possível
e sabia que me ria
de pensar que esse acaso
podia me abraçar um dia]
Como isso é silente e preciso
[em tudo

Que faz e em tudo o que despreza!

Perfeito e posto de lado
Sim: perfeito e de lado
Como hei de explicá-lo?
Sei que um idiota qualquer
O faria, mas disso basto eu,
Que me amarro, sorrio,
Alegro-me em desespero
Isso é coisa que eu gosto
Que aconteça e assim se faça
[sozinha

É meu único modo
De conservar uma coisa viva
Tirar-lhe a vida e fazê-la saudade
O prazer de virar minha mesa
Porque ela me afronta
A insanidade de talhar
As melhores artes
Contemplá-las e
[quebrá-las
Viver toda a amplitude
Que há das alturas até o nada

Consigo ver as coisas assim
Em crua dor, mas livres de maldade
Nunca me disseram que isso é certo
Mas não faço questão de ser quadrado

44

Não a amei como ensinam os livros
Mas como se ama a liberdade

Estrago as coisas, é verdade
Carrego no peito essa culpa
Mas num coração de criança
[se não houvesse espelhos
ainda teria dez anos]
Que aposta tudo no brincar
E morre sem saber
O que a mata

2005

SAUDADE

Há quanto tempo não nos víamos!
Olhos nos olhos: tudo ainda tão vivo
Lembra de quando nos conhecemos
De tudo o que fizemos e sonhamos
De todas as solidões em que adoecemos
[mas fizemos dela uma cura
De tudo quanto nos parecia problema
[mas era só a vista embaçada
De quando ríamos como crianças
[do que era possível
De quando fim era só uma palavra
Dita por quem não nos importava
De quando os dias perdidos
Eram estarmos separados

Continuamos — e como!
Queimando todos os livros
Comendo o que restava
Cuspíamos um no outro
O néctar da decadência
Era como um presente
Sem precisar merecê-lo
O mais alto tesouro
Já erigido da lama

Nosso único descanso da vida
Era saber calar ante o insondável

[de nossos abismos
Como duas pedras falsas
Que se queriam brutas
Sem valor, sem espécie
[sem nada

Lembra de nossas brigas
De travesseiro, de nossa leveza
Para além de qualquer palavra
— explicações eram incertezas —
O silêncio nos traduzia
Estávamos certos
Sabíamos disso
Pela majestade
Do nosso dia a dia
Pela nossa ingenuidade
No mais complexo da vida
(sempre foi simples demais
para nos preocuparmos)
Pelo nosso respeito
Como a dois mestres
Pelo nosso desprezo
Ao que não era alegria
Não era a nossa alegria
Mas aquela baba espumada
Dos dementes da rotina

Agradecíamos pelo que éramos juntos
Cúmplices na alienação mais hedionda

Na blasfêmia mais aterradora
E um abrigo de si mesmo
Quando os mares eram revoltos

O lampejo dessa felicidade
É uma memória sagrada
Ninguém desconfiava
Nossa indecência
Nossos segredos
Nosso escárnio
Nosso orgulho
De viver nessas alturas
[impossíveis

Bastávamos nós mesmos
Insuperáveis — sem ideais
Passando por essa vida infectada
Como quem lhe passa ao lado
Existir era nos presentear
Com todas as riquezas
Que se pode carregar
Dentro de uma alma
[corrompida

Lembra quando nos conhecemos
[e agora nos perdemos
No fundo desta imaginação?
— não me lembro de nada —

Então, é só isso?
Pois aqui está sua nota
Pague-a no caixa
Volte sempre que precisar
De mais memórias falsas

2005

SILÊNCIO

Âncora, lança todo viver
À profundidade que revela
O nada — e tudo se reduz?
Tudo se desmente e inflama!
Frente ao inaudito o terror
Corrói a alma humana
                [transpirando
Pálida como o último cigarro

Aquieta-te, sombra pavonesca
Aquieta-te e vê os reflexos
Dos teus traços morrentes
Em vida, dormem mortos
Mas algo em ti ainda pulsa
Decrépito em caminhar
Aleijado em existir
Estéril em insistir

Por que não dormes?
Pelos teus sonhos?
Aquelas velharias?
Tudo o que poderias
                [se pudesses?

Mas não podes
Então antes do fim...
                [uma carta?
Ora, uma carta!

50

Com mil porquês
Não pudeste em silêncio
Despedir-te do dissabor
De sentir-se nada nessa vida?
Palavras opacas numa carta
De um pavão parvo

Nada de ti passará
Somente palavras
Nada do que sentias
Nada do que pensavas
Junto delas nada há de passar
Toda palavra é um bafo de silêncio
Tudo o que se sente é das palavras estranho
Tampouco compreendes isso, alma química!
Compreendesses algo, calaria teu antro de escarro
Do teu discurso compreenderão só o podre do teu hálito

(... (...) ... (...) ...)

Nesse dia acordei alheio
Sem sentir o que havia vivido
Os olhos relaxados fundos não fitavam
Não sentiam mais esperança no que viam
O teatro faz-de-conta da vida encerrado
Não havia mais vaidade de encenar
Abruptamente não distinguia sentido
O solavanco fez cessar a sentença

Quando alguém chamou por mim
Prendeu-me a respiração

E precisava do ar do nada
Precisava de todo o silêncio

Pareceu-me que todo o vazio
Era muito mais real que a vida
Mais veraz que qualquer juízo

Ressoava em minha cabeça
Aquieta-te, sombra pavonesca!

2005

SOLIDÃO

A rotina persuade a resistência
O cansaço persuade a desistência
A esperança empilha grãos de areia
Para deixar alguma história
Como se uma página nova
Fosse contar algo novo
Ou o esquecimento
Apagando algumas palavras
Refizesse algum sentido
Ao refazer sentenças
Como se sentido fosse fato
Não o eterno refazer-se
De quem deu por si no terremoto
[de si mesmo
E nunca usou os ouvidos
Para se acreditar o único
A gritar em silêncio

Depois do branco, do vermelho e do cinza
O negro ainda será uma metáfora
Do insípido e do incolor
Da mesma e única solidão
Onde cada um chora sua dor

2005

TRANSIÇÃO

Mais que ansioso de estar só
Ansioso de pensar-me só
E ter qualquer escolha
Quando nada me coage
[a nada
E nada indica suspeita
[nenhuma
Coisa me traria mais conforto
Que fechar meus olhos secos
Como se por eles houvesse
Passado um tiro
(de qualquer narcótico)

Ando os cômodos perturbado
Mas nada ——————
Além de pedra, assento e desalento
Que por aqui, por ora, passa
Mas só por esse momento sifilítico
[chamado vida

De ir e de voltar e de revoltar
e de fazer e desfazer esse gueto
Sei cada poeira, todo o podre
O sei de cor. Enfastiado disso
Espio a janela e adivinho a fuga
À rua à procura do algo novo
Mas rechaço essa novidade
[de oco

Cenário erigido ao pão e circo
Isso fede mais ao pensamento
Que sua gente feliz e contente
Em ser demente que consente
Em acreditar que seus filhos
— eles sim —
Serão diferentes, bem à frente
Da história que os desmente

Sou ranzinza como um velho
Tivesse minha mente a idade que pensa
Estaria satisfeita, morta e decomposta
Sustentada por esse monte de
[]

Sei bem o que apodrece meus sonhos
E meus pensamentos e minhas
[explicações]
[explicações]
[explicações]
||||====|[soluções e|||||||||]==-------
[mais explicações]
[mais soluções]
Intravenosas
Para fatos abstratos
Descritos muito melhor
Por qualquer bula de remédio

[transição]

[simulação de uma transição

de estado mental *post factum*]

Vejo o vácuo ver-se vivo e não entendo
Por que há vácuo vivo, e ainda pensa?
Porque são minhas mentiras da arte...
Poetar não é só dizer mentiras bonitas
Um erro de memória explicaria melhor

porque...

[[*inutilia truncat*]]]

[estabilização]
[retorno]

etc., desse modo e portanto
Quem se interessa, viva esse perjúrio
Esse raquitismo e a falta desse sabor
De contradição, e o guarde consigo
Satisfeito em ter-se tornado mais infeliz

[agora está tudo bem]

Consigo ser medíocre
Sem levantar protestos
À existência ter-me nela
Sem qualquer importância

Sinto-me vivo — sem esquecer uma vírgula
Do pesadelo que então me abandona
Agora desprezo esses meus versos
Convicto de que retornarei

A eles como um tesouro
Quando sentir-me
Novamente
Morto

2005

AUSÊNCIA

Estão mortas as crenças
O carrasco foi a razão
Estão mortos os sonhos
O veneno foi solidão

Desfeitas as ilusões
A golpes de integridade
Desfeitas as esperanças
A golpes de sobriedade

No coração uma pedra
Por amar a verdade
Nos olhos a mágoa
Por sua frialdade

Na boca o amargor
De viver sem sentido
No peito o vazio
De viver sem sentir

Nas costas o fardo
De toda a inteligência
Na face a vergonha
De toda a demência

Na vida somente o peso
De uma constante ausência
Na morte somente o fim
Desta vã resistência

2004

ESPERANÇA

A vida se manifesta do fato
Não importa o seu agrado
Nasce-se como ator convocado
Dentre tantos outros átomos
Os meus vivos nesse acaso

Mal tive tempo de pensar
Acordei já tiranizado
Esmagado numa forma
Domesticado com culpa
Insuflado com vácuo
Preso ao que é preciso
Para se viver a farsa
Da medíocre sanidade
Repetindo o abecedário
[mil vezes
Feliz em ser escravo
Numeral e ordinário

Ostentando orgulho em sofrer
Um dia, um ano, uma vida
[malograda
Anêmica e calada
À espera de aplausos
Por ser humilhada
Por ser resignada
Por ser virtuosa
Em sua perseverança

Inofensiva de obedecer
Em se roer até os ossos
Como prega o ensinamento
Bem-aventurado quem teme
Quem reza para ser ignorado
Pois ainda existem animais
Pujantes, plenos de violência
Que não foram amestrados
Pela virtude dos fracos

Quando dei por mim era tarde
Os passos lentos arrastavam
O grilhão do condenado:
Mãos à obra, criatura!
Daqui não se escapa
O mundo está cercado

A liberdade sem escolha
Perdeu minha paciência
Vendeu todas as virtudes
Comprou o mais belo vício
Sorriu, sonhou e enforcou-se

II
Poderia amar o que tenho
Mas só amo o que falta
Poderia aprender a viver
Se felicidade fosse ler
[as cicatrizes
Que tenho prazer em escrever

Reabrir, ver sangrar e descrever

Mas ser feliz é uma mentira
Então feliz quem se mente
[essa tristeza
De sofrer sorrindo, sorrir sofrendo
Sem no fim emudecer pálido
E pensar antes de morrer
[antes morrer
Antes nem ter nascido

Por que a esperança não morre?
Eu sei, e sempre quis saber
Por que me fazem esquecer?
Gritando razões com afasia
Pregando amnésia de covardia
Se não tenho a regalia néscia
De quem finge e não pensa
Com burrice por descendência

Se sonho acordado
O sol me ofusca e guia
Num tropeço a dor acorda
Num quarto vazio sem porta
Aqui a solidão é minha amiga
Respiro o tédio dum existir
Que escolhe pôr-se à parte
Da tolice de todo o sonhar
E jogo minhas fichas ao nada
Mudo como quem adivinha

O segredo mais bem guardado
[e então ri dessa piada

Na luz negra do pensamento
Hei de atravessar a vida
Ébrio em minha lucidez
Para nunca querer esquecer
Que a beleza poderia se rasgar
A saúde poderia definhar
O vigor poderia murchar
Se meu sonho é igual a nada
O desprezo é minha virtude
E ela prefere descansar...

III
Querer sem sofrer
[ao contrário
Está prestes a acontecer
[o fim
Que tarda e nunca chega
[a insânia
Rastejando em círculos
Nos cacos de uma vida
[retalhada
Pelo medo do medo
[de medo
Do sangue sofrendo
[a sangue frio
Aspirando pó do tédio
No mesmo ar, todo ar

[todo dia
Viver é a longa penúria
De uma dor sem cura

Carrego a morte surda e latente
Que consola minha existência
Da violência do querer-viver
Embutida nesse peito estúpido
Mentindo a cada batida inútil
[dessa vida
Doente terminal, ainda perdura
Do presente para o amanhã
[para o futuro
Cheiro de mofo podre
Do meu sepulcro

IV

Tudo isso contido no nada
[de tudo
Que se desfaz pelo caminho
[da finitude
Num trajeto já conhecido
[e sem sentido
Numa ânsia de adormecer
[com insônia
Diante do espelho sem entender
[por que sofria
Se o sonho já foi executado
[sem anestesia
Na esperança em nada disso

[jamais retornaria
Nem por saudade da contradição
[se sonhar não me tira
Do pesadelo que começou por acaso
[quando nascia
Do nada ao qual sonho retornar
[todo dia

2004

DESRAZÃO

A curiosidade humana
— essa insônia da matéria —
Não se cansa de desvendar
As causas que fizeram da vida
Um amontoado de pilhérias
Uma zombaria do acaso
Entendendo, por acaso,
Que se poderia ser foi
E não restam dúvidas
O homem finalmente
Aprendeu essa coisa
[biológica
Induziu fórmulas
Deduziu contingências
Reproduziu mais mesmo
Continuou a querer mais
Sonhando com o absoluto
Com a realidade verdadeira
Com a lógica matemática
E toda coisa que mente

Quando deu com um espelho
A razão pôs-se em xeque
Duvidou de si mesma
Pois dois mais dois
Nem sempre são cinco
Mas não soube responder
Qual a graça dessa piada

A vida nesse vácuo
Pode ser tão diferente
Pode ser tão indiferente
Aqui é onde toda ausência
Faz-se tão mais presente
Que ultrapassa a vivência

Esforço não significa valor
Esforço é só um tipo de dor
Com a qual se muda o mundo
Em busca dum sentido qualquer
Contemplando, no fim trajeto,
Um segmento de penúrias
Um sentido sem objetivo
(todo sentido é sempre um meio
todo fim é sempre um olvido
para o nosso alívio)
Sofrendo para esquecer o nada
Erigindo um castelo de mágoas
Dentro duma vida vazia que
Por acaso começou a sofrer
Numa luta quixotesca
Contra si mesma

II

Já me foi caro o peito
Que o trem despedaçou
Quando, tolo, lutei
Agora, aos meus pés,
Vejo correntes de vitória

[desmentida
Por cada pensamento
Saudoso dos sonhos
Quando eram só sonhos
Não cacos dum agora
Que só posso chamar
[desilusão
Todos sempre serão
Miragem dum ideal
Escondido dos fatos
Num canto esquecido
Onde a vida não chega
Que a realidade não pode

Perderei todas as chances
Como perdi minhas crenças
A expressão, a esperança
De esperar a hora certa
Para juntar meus cacos
Meus retalhos de fardos
Que jamais aprendem
Não desistem em falhar

Mas que tolo esperaria como devoto
Que a alegria lhe batesse à porta?
Ninguém merece reaprender
Que a felicidade é viver
O sorriso falso do que
Perde em sua vitória
Porque bebeu do irreal

E definha com o veneno
De essa glória mesquinha
Ser, de fato, o real

Muito antes uma dose letal
Mais cápsulas e comprimidos
Um fim que ninguém desconfia
Pois se engana quem acredita
Na luz no fim do esgoto
Que imerge nossa vida

III

Meus sonhos ainda correm
No limiar do horizonte
Sorrindo-me de longe
A mais bela miragem

Conheço muito bem
A fatalidade desse fito:
A plenitude do fracasso
O sofrimento autoinfligido
O cálice amargo da vitória
Para quem se despedaça
Mas continua sorrindo

Vejo o agora
Todo o nada
Nego o lodo
Todos os fatos
Nego o sangue
Todas as dores

Nego a miopia
Todos os sonhos
Nego o que penso
Todas as mentiras

Desrazão é a minha anestesia
Minto porque não suporto
Mais do veneno da vida

2004

VAZIO

Existir dói por convenção
Na desrazão de que a vida reviva
Sempre mais, mas para nada
Sentenciado à esperança perpétua
Que se rasga pelo caminho do vácuo
Até a vertigem de alcançar a meta
Cem passos além da exaustão
Ofegante na sina de quem foge
Do desatino de quem nasce
Onde todo triunfo transfoge e dói

Todo o nada do passado
Despeja vazio no presente
Despeja todo o presente
No porvir deste momento
Todo passado pesa agora
E quem pensa-se passado
Pressente ainda mais amargor

Bipartido em meus pensamentos
Sonhando-me livre em querer
Escolher, retroagir, agir e fitar
Mas contido no nada do imediato
Vivendo num fato sem escolha

Daqui invejo quem desiste
                        [e insiste
Em emudecer com tudo por dizer

Nem pensar pensar sem agir
Esquecendo que sonha
O sonho de desaparecer
A cada segundo menos vivo
[mais ninguém
Nem feliz ou triste, nada convém
Nem esperar a sorte
Nem esperar a morte
Nem sangrar de saber
Nem sofrer para esquecer

A morte não será o fim
Viver nunca foi um início
Somente a sensação triste
De dar por si com um rosto
E a ilusão de que sou algo
[mais que um fato
Com necessidade de viver
E a nescidade de quem vive

2004

SONHOS

Tudo estava negro e morto
Num arranjo da poeira do nada
Aparece luz a novos desgraçados
Quem vê nisso alguma sanidade?
Nesse ato o ser se detesta
Inveja tudo o que dorme
No sonho da noite eterna

Num canto esquecido
De algum astro mofado
A desilusão está à espera
À espreita de quem acorda
Na sina do nada em cada fato
Da ignorância predestinada
Da existência quantificada
Chances disso, dores daquilo
Haja esperança para suportar
O tédio dessa despedida

Crenças perdidas
Erros aprendidos
Relação de desistir
Ou esperar hora certa
Uma fórmula química
Para quem luta uma culpa
Uma desculpa para quem perde

Nem sempre se acerta

A simetria da equação
Nem sempre se aceita
A desculpa da física
Mas nada pode parar
Até o lixo autoimune
Depois da quarentena
Tem de cooperar

Doses sistemáticas
Para miséria endógena
Serenidade intravenosa
Para crise existencial
Soro e água santa
Para lavagem cerebral

Um relatório preciso
Da espécie mutacional:
Imprecisão reacional
Alocromia intelectual
Disfunção direcional
Indiferença emocional
Rejeição sócio-colateral

Meus... cacos
Não fazem um corpo
Mas que adianta falar
Humanidade reincidente
Exige remoção definitiva
Extirpação do supérfluo
Instalação do robótico

Reciclável e não-tóxico
Amor ao próximo

Esqueça a hemorragia
Mas esconda o sangue
Sorria e finja o resto
[está morto
Como esperado
Para que soubesse
A punição de quem sonha
Um passo além do permitido
Aos infantes convocados

2004

TÉDIO

Vou definhar aqui
No quebrar-os-*DNAs*
De cada nascer do sol

Isso me vem como um nojo
De respirar e um ter de respirar
Para o que não quero

É o tédio, o grande, absoluto tédio
Sempre à espera da liberdade
De quem só tem mentiras a escolher

Reveste o tempo de chumbo
E aquilo que sempre quis
Demora para sempre a chegar

Mas quem ainda espera?
Não é que essa ilusão
Apropria-se dos pensamentos!

Por falta de algo
Por falta de algo sou assim
Ainda me falta a palavra

Não vou partir
Não quero chegar
Mais cansado por nada

Meu quadro é simples
Com previsão simples

As convulsões: todas simples!

Não ser nada nisso tudo
Nascer nesse nada todo
Nenhum suspiro alivia

A covardia? Sei de cor
Bastam alguns nãos
Para que se fuja de tudo

Dizem-me que deveria
Ser muitas outras coisas
Mas o nada pode mudar?

Felicidade — está correto?
Está no dicionário
Da metafísica dos imbecis

A página vira
A história é a mesma
Melhor seria esquecer

Melhor seria dar cabo a tudo
Mas com que direito a natureza
Estraga-me até o sono!

E desprezo, com todo o direito!
Minto e provo as mentiras
Para justificar mais desprezo

Mas tudo me pesa demais
Qualquer droga me pesa demais

Viver me é como existir às avessas

Foi só mais um dia qualquer
Em que o tempo não passou
Em que nada passou
[e esqueceu

2004

SENTENÇA

Cessou a anestesia
Então abro os olhos
Profundamente lúcido
Arrependido de ter acordado
Porque ainda tenho na memória
A sensação cinza de haver perdido
Todo dia aquilo que mais amava

No despertar de minha consciência
Visto minha capa de chumbo
Minha coroa de espinhos
Minha razão glacial
Meus grilhões mentais
Minhas máscaras sociais

Difícil pensar agora numa meta
Cujo valor fosse digno dum piscar
Mas somente um tolo sonharia
Em escapar dessa tirania
Enquanto o acaso nos guia
Às cegas, sem valor nem motivo
Por esse percurso sem objetivo

Talvez um malogro ainda animado
Mais um daqueles que morreu em segredo
Sou aquele que caminha cansado
Vendo seus sonhos frustrados
Seus esforços baldados

Seus castelos arruinados
E observa tudo com olhos magoados
Ouvindo o riso de escárnio do acaso

Mais uma besta de carga arriada
Mais um aborto, outro vivo natimorto
Sou essa indumentária de carne e aço
Cujo viver acontece por engano
Cujo âmago inspira somente asco
Cujo sangue corre podre nas veias
Cujo coração é o próprio carrasco
Com sua máscara pregada à face
Como a própria carne viva

Esses meus olhos embotados
Sem amores pela ilusão
— ou sua irmã, a verdade —
Já não querem mais nada

Mas fitam o vazio, inquietos
Com uma indiferença morrente
E em segredo anseiam sua remissão:
Fechar os olhos da vida, nesta escuridão

Abandonar para sempre
O desgosto que queima
O desalento que adoece
A aflição que devasta
Toda dor e seu valor

Do começo ao fim

Do berço à sepultura
Nesse mar de amargura
Asfixiando-se lentamente
Na agonia de cada respiro

Já nascemos condenados:
A sentença é esta vida
Sangrando como ferida
Que não merece ser vivida

2003

DISTÂNCIA

Em toda presença — a mesma solidão
Em todo abraço — a mesma distância
Em toda palavra — o mesmo silêncio
Em toda verdade — o mesmo erro

Suspenso no abismo do mundo
De um lado incompreensão
Do outro inexpressão
Uma cela invisível
Adornada de aflição
Esvazia minhas palavras
As condena à inexpressão
Exila minhas vivências
As condena à solidão

Nada dizem as palavras
No exprimir a profundeza
Entre o pensar e o entender
Jaz o eterno abismo do erro
E sobre uma ponte de símbolos
Mais de um tolo continua a sonhar
Que algo real é capaz de caminhar
Essa tênue superfície do pensar
Do falar, do sentir e do sonhar

Como alheio de mim mesmo
E com a crueldade de ser honesto
Corto superfícies e máscaras

E olhando no abismo
Envolto pelo silêncio
Reencontro a profundeza
Reencontro minha morada
Além do ator que há em mim
Posso ver com precisão míope
O que toda palavra faz esquecer
Descarnada a superfície de tudo
Vejo todo valor desvanecer

A consciência do nada
Vem-me como uma vertigem
Chega um desalento indizível
Um desespero sufocante
Suspenso no vácuo
O próprio vácuo

Lucidez cortante
Que parte meus joelhos
Oprime minha consciência
Escarnece minha esperança
Zomba dos meus sonhos
Desfaz minhas promessas
Esmaga com seu pesadume
Infecta com seu amargor

Pensar-se assim é inumano
Uma indecência amoral
Uma existência impessoal
[em pessoa

Dentro desse teatro triste da vida
Entre a superfície e a profundeza
Vejo-me entre a máscara e o vazio

Como um fantoche oco
Que sofre de ser si mesmo
Ao mesmo tempo em que ri
[por ser si mesmo

2002

SOMBRA

Consciente de mim
Penso minha liberdade
Onde hei de encontrá-la
Na rigidez desta máquina?

Indago sou livre
Mas livre de quê?
Talvez de algum erro
Talvez de algum cárcere
Talvez de algum grilhão
Talvez de alguma certeza

Mas onde adivinho liberdade
Sempre habita uma sombra
Precede-me em tudo
Esse negro fantasma

Envolve-me e me permeia
Abraça minhas entranhas
Confunde minha vontade
Sussurrando em meus ouvidos
Sua falsa cantiga de liberdade

Fala com minha boca
Ouve com meus ouvidos
Deseja com minha vontade
Pensa com meus pensamentos
É ela quem sonha os meus sonhos

Onde houver a luz da vida
Haverá sempre a sua sombra
Insinuando-se nos pensamentos
Segredando à sua consciência
Uma surda exigência

Toda a minha vida
É máscara dessa sombra
É superfície dessa sombra
Tirana oculta e envolvente
Doma meu pensamento
Encarna minha vontade
Subjuga meus anseios
Conquista meu juízo

Liberdade — ó quimera!
Ilusão benigna que consola
Esta pobre criatura articulada
Títere nas mãos dessa sombra
Puxando cordéis invisíveis
Na grande comédia de nossas vidas

2003

COVARDE

Se a vida fosse eterna
Eterna seria a dor
Eterna a tristeza
Eterna a angústia
Eterno o anseio pelo fim

A eternidade é o inferno
Que nossa covardia deseja
Avante quem busca remissão
[desta desgraça
Avante quem busca anestesia
[desta vida

Em nossa viagem vã
Por entre escolhos e entulhos
Por entre cacos de gente viva e morta
Sangramos em demasia
Temos medo de usar a anestesia

Mas quando cessa nossa dor
Quando redimidos pela foice
Vê: só nosso corpo se esfacela
E de nós ainda resta o eterno punhal
Que nosso coração sempre abrigou

Redimidos de nossa dor
Nosso punhal faz outrem sofrer
Nossa paz exige uma vingança
Pela qual a vida sofre por viver

Pois maldita bênção é a finitude
De nossa desditosa aventura!
Em nossa luta para viver a dor
A serenidade da foice ousa por nós
Aquilo que nossa covardia nos proíbe de amar

Espero de braços abertos
Minha derradeira anestesia:
Adormecer a dor desse punhal
Cravado no peito dessa vida terminal

Adoeço preso no sonho desse momento
E covardemente estou à espera do final
Que a foice me mate com a paz imortal

2003

NADA

Que seria a vida se valor nela houvesse?
Tirania e opressão, imposição e grilhão
O absoluto é prisão, absurdo e desrazão

Essa prisão lamacenta
Adornada de pomposa ilusão
Enoja minhas entranhas
Nojo, asco e repulsão
Inspira-me toda religião
Despoja nossas vidas
Do vazio que é libertação

Onde habita o nada
Coabita a liberdade
E no vazio desta vida
Faz-se mister a criação

Nossa virtude
Está em nada ser
E mesmo assim criar
Mesmo assim valorar

Nossa virtude
Está em nada crer
E mesmo assim viver
Mesmo assim percorrer
Esse infinito corredor vazio

Nascidos no vazio

Amamos essa ausência
Porque se a vida é nada
A vida é livre

2002

ETERNAMENTE

Para que uma vida viva
Outra deve morrer
E tudo deve morrer
Para que seja eterna
Eterna em sua dor
Em seu devir
Em sua finitude
Em seu mistério
Que não é mistério
Porque não é nada

Corre areia na ampulheta
Consumindo nossas vidas
[passo após passo
Cadáveres lúcidos percorrem
Caminhos eternamente vazios
Nascidos no corredor da morte
Condenados à cela de seus corpos
Cumprindo o horror desse destino
[eternamente vão

Somente cacos humanos
Que formam essa coisa vivente
Que rasteja, murmura, mente
E mente para fazer sentido
Porque precisa fazer sentido

Pois me espanta e dói

Que a vida assim caminhe
Entre essas paisagens ignoradas
Com os olhos sempre vendados
Numa viagem desnorteada
Para ao fim retornar
À mãe escuridão
Nossa morada

A maior bênção
É viver sem existir
Conhecer sem saber
Ignorância é o amor
Da vida por si mesma

Esse tragicômico passatempo
Alimenta-se da cega paixão
Não aceita entendimento
Sofre com toda explicação
Exige a mais pura ignorância
Para nunca limpar da vista
[a ilusão

2002

GRÃOS

A esperança da ignorância
Mantém meu acaso vivo
E toda certeza seria letal
Um grão dela que fosse:
A paz que temo e amo
Temo porque não sei
Amo porque sofro

Oprimido pelo erro
Em face à finitude
Deixo cair os grãos
De minhas verdades
Pó de minhas certezas
Que se perde pelas dunas
Nos montes de ignorância
Que o vento me joga à face

Sempre que percorro a praia
[do pensamento
Recolho algum grão leve
Algum que me agrade
Pondo-me na face
Um breve sorriso
Mas ai de mim
Se desse grão
Tivesse certeza
Seria à minha alma
O mais violento veneno

Olhando ao meu redor
Penso na grande tolice
Que é embalar grãos
Rotular a ignorância
Verdade e num gesto
De majestosa demência
Acreditar na própria estultícia

Noutro tempo fui sonhador
Nele sonhava em encontrar
O reluzente grão de cristal
Mas o cansaço do viver
Proíbe-me da estupidez
De lutar por esse grão
De buscar essa ilusão
Que mente desde sempre

Vago ainda por essas dunas
Mas sem esperanças tolas
Sem qualquer desejo
De uma certeza
Mais certa que eu

Fecho minhas mãos
Todo grão torna-se brasa
Então de mãos sempre vazias
Sou uma incógnita vivendo
Na incógnita desse mundo
E se pergunto: quem sou?
Não poderia haver resposta

Nunca fui, nunca serei nada

Um andarilho errante
Uma incógnita sem resposta
Caminhando na ignorância
Cansado demais para fingir
Que é aquilo que pensa
Sim, já quis ser algo
Mas disso apenas rio:
Seria só uma incógnita
Empunhando ignorância
Grão empunhado é quimera
Nunca quis ser quimera
Sou somente dúvida
Um ponto final
De angústia

2002

ILUSÕES

Se quisesse ser feliz
[seria escravo
Se quisesse ser triste
[seria sábio
Se quisesse ser lúcido
[seria louco

Já fui triste, já fui louco
De ver que tudo é nada
Senti pungente a dor
Bebia do amargor

Toda paixão dói
Se não é escravidão
Agora mato o olho agudo
Que matou minha paixão

Enquanto corre meu tempo
Corro em direção ao nada
Esvazio-me até a meta
De minha paixão
Vazialegre ilusão
Sua vontade cega
Alimenta meu sorriso
Preenche o vazio da dor
Com o vazio da alegria

Esse pomposo teatro oco
É o valor dessa paixão

É a ilusão de um valor
Que não vale minha dor

Morrem nossas vidas
Mas nunca o sonho
Ordena-me a paixão:
Siga-me à recompensa!
Siga-me ao vazio da felicidade
Venha e louve e abrace e ame
O ouro falso dessa alegria

Se vazio é o errado
Se vazio é o certo
Tola é minha dor
Tola minha alegria
Pois se nada é certo
Pois se nada é errado
Prefiro sorrir na ilusão
A sangrar pelo vão

Ó besta cargueira
Qual é sua paixão?
A cor de sua ilusão?
Pois nessa vida oca
Em que tudo é vão
O cinza torna-se vivo
Se colorido pela paixão
Abandonar a paixão
É vivo ser cadáver
Abraçar plena dor

A mais tola desrazão

Pois vivo minha ilusão
Só ela colore a escuridão
Só ela liberta dessa prisão
Alegra a dor de viver em vão

2002

ACASO

Sempre penso duas vezes
Sem escolha nem cura
Inteligência é isto: um peso
Inútil que se carrega
Ao longo desta vida
Uma penosa maldição
À qual o acaso condena
Alguns pobres malditos

Agora me vejo:
Um asno trágico
Portando um peso
Que não pode suportar
Tampouco lançar fora

Queria ser burro
Ou leviano
Ou ingênuo
Ou irrefletido
Ou superficial
Ou espontâneo

Não me importa o eufemismo
Que usemos para suavizar
A grande estultice humana
Em sua felicidade lógica
Estúpida e animal

Viver na superfície

Respirar ar leve
Límpido e falso
Afogar-se no lodo
Asfixiar-se em fedor
Fealdade e realidade?

Não tenho escolha nem cura
Inteligência é um exílio de si mesmo
Rouba do viver a chance de só viver
Imerso na superfície estagnada
De uma vivência impensada

Vivo ainda que morto
Suspiro um desalento podre
Preso ao lodo da realidade
Com os pulsos cortados
Por cacos de verdade
[e nojo

O ódio é meu único vício
O desprezo é minha única virtude
O nada, meu único ideal

Esta vida é lama
Lama e lodo
Depois nada

2002

www.ingramcontent.com/pod-product-compliance
Lightning Source LLC
Chambersburg PA
CBHW020555030426
42337CB00013B/1103